SAGGI

Davide Storelli

Moneta e Democrazia

ISBN: 978-1-387-54440-0

Tel. 080.395.36.13; d.storelli@tiscali.it

Facebook: Amici di Shylock

Non si può risolvere un problema con la stessa mentalità che lo ha generato.

Albert Einstein

Indice

1. Prefazione

"La moneta non è per natura ma per convenzione e dipende da noi cambiarne il valore o renderla senza valore". Da questa semplice ma assai profonda e tuttavia dimenticata concezione che Aristotele aveva della moneta prende le mosse il bel lavoro di Davide Storelli su 'Moneta e Democrazia'. Lavoro che, proprio sulla base di quella concezione, non si limita a proporre una diversa chiave di lettura della natura della moneta – tanto quella legale quanto quella fiduciaria bancaria – ma affronta anche importanti tematiche concernenti l'uso che può farsene per il raggiungimento di obiettivi economici e sociali in un contesto di governo democratico della cosa pubblica. Il che dà anche conto del titolo che Storelli ha scelto per il suo lavoro, che alla 'convenzione sociale' fondativa per eccellenza dell'organizzazione economica di ogni collettività umana complessa (la moneta) accosta la forma politica che meglio può

garantirne l'utilizzo nell'interesse del maggior numero di quanti alla collettività appartengono (la democrazia).

Dalla concezione della moneta come 'convenzione sociale' derivano conseguenze di assoluto rilievo. Prima fra tutte quella che lega il valore della moneta al giudizio che i soggetti che la utilizzano danno della sua 'qualità', ossia la capacità di assolvere alle funzioni proprie di mezzo di scambio e pagamento, riserva di valore e unità di conto. Il concetto di qualità della moneta dà immediata rilevanza a quei fattori – i cosiddetti 'fondamentali' – che direttamente o indirettamente incidono sulla percezione che i soggetti hanno di essa. Tra questi: la forza intrinseca del sistema economico-finanziario del paese che emette la moneta; la solidità delle sue strutture di governo e la stabilità del quadro sociale; la credibilità delle istituzioni preposte alla gestione della politica economica nazionale; il sistema di leggi che dà efficacia alle norme in vigore e rende certa la loro attuazione; e il grado di fiducia che complessivamente sorregge le interazioni fra soggetti economici.

Il giudizio di qualità della moneta condiziona la domanda dei servizi che essa offre e, dunque, la domanda della moneta stessa, contribuendo a determinarne il valore relativo rispetto ai beni, ai servizi e alle attività finanziarie che essa rende accessibili, nonché rispetto alle monete di altre giurisdizioni con le quali essa si confronta e si scambia. E se i fondamentali sopra richiamati rilevano ai fini della definizione della qualità della moneta legale – creata e usata per risolvere in via definitiva le obbligazioni di debito fra operatori e, di norma, anche per servire da unità di conto nella giurisdizione di competenza – essi rilevano altresì, e forse ancor più, per definire la qualità della moneta bancaria, per antonomasia fiduciaria, e sul cui ruolo Storelli si sofferma a lungo. Più elevata è la qualità di questa forma di moneta nella percezione del pubblico, maggiore ne risulta la circolazione in sostituzione della moneta legale sia nelle attività di pagamento dell'economia sia nell'uso come riserva di valore.

Ora, così come la qualità di un qualunque oggetto richiede di essere misurata nel tempo, il quale risulta necessario per valutarne congruamente la resa, allo stesso modo la qualità della moneta non può che essere misurata nel tempo concreto – storico – della vita della collettività che ne fa uso. In altri termini, la forza o la debolezza dei fondamentali, che della qualità della moneta costituiscono il presupposto, non possono giudicarsi che nel loro evolvere storicamente determinato, poiché solo il tempo può dire quanto significativi e coerenti siano i segnali che da essi promanano. E, tuttavia, non tutto si esaurisce nella conoscenza storica dei fondamentali una volta che il tempo sia riconosciuto come variabile economica essenziale in un'economia monetaria di produzione, e una volta che si sia preso atto che nel tempo concreto – storico – il futuro è per natura ignoto. In questo caso, il giudizio sulla qualità della moneta quale strumento per il trasferimento di potere d'acquisto nel tempo deve per forza fare i conti col futuro e con un futuro che per di più non si conosce. Dei fondamentali, pertanto, si dovrà presagire la possibile, ancorché incerta, evoluzione nel tempo.

Assumono al riguardo rilevanza centrale le aspettative che i soggetti economici formano con riferimento ai valori futuri delle variabili critiche. Lungi dall'essere derivabili come soluzioni puntuali di modelli formali di economie tendenti verso stati naturali di equilibrio (come la dottrina economica ufficiale insegna), nella prassi la formazione delle aspettative economiche consiste nel dispiegarsi di complessi processi valutativi che implicano l'uso di informazioni incomplete, l'applicazione di conoscenze imperfette, e l'interazione fra le attività di calcolo razionale e i meccanismi di produzione di emozioni e sentimenti che governano le percezioni del mondo reale da parte dei soggetti economici. D'altronde, per quanto scrupolosa sia l'analisi storica dei fondamentali, rigorosi i modelli adottati per interpretarne i segnali, e tecnicamente sofisticate le metodologie adoperate per prevederne il progresso, le aspettative restano essenzialmente incerte poiché comunque legate a un futuro ignoto. Pur nelle migliori delle circostanze, esse scontano diversi gradi di fiducia attribuiti dai soggetti che concorrono a formarle, risentono delle continue suggestioni fra individui, e riflettono visioni del mondo e umori che ora s'impongono a scapito di altre visioni e umori. Inoltre, le aspettative che molti formano non mirano necessariamente a pronosticare accadimenti futuri quanto a riflettere previsioni che altri (soggetti magari ritenuti meglio informati) elaborano. Infine, l'influenza delle aspettative sui comportamenti individuali è tale che esse possono anche autorealizzarsi, in tal modo validando le risultanti convenzioni e preservandone la stabilità nel tempo sino all'insorgere di nuovi eventi critici che indurranno a formare nuove aspettative e nuove convenzioni.

Dunque, le aspettative derivano da combinazioni di fattori diversi (oggettivi e soggettivi) che, nella reciproca influenza fra i soggetti della collettività, dinamicamente convergono verso comuni visioni che la collettività nel suo complesso esprime. Tali sono le aspettative che concorrono alla formazione del giudizio sulla qualità della moneta. Si arriva in questo modo al compimento della concezione aristotelica della moneta, richiamata da Storelli. Non soltanto essa è 'convenzione sociale', senza un fondamento naturale, ma lo è altrettanto il giudizio di qualità che di essa si dà e che ne sorregge (o ne scoraggia) l'uso presso una collettività. E se anche la qualità della moneta è per convenzione, sono allora i comportamenti degli individui e quelli dello Stato che della moneta stabilisce criteri e modalità di gestione a rafforzarne o indebolirne l'uso.

E non è ancora tutto. Se la moneta è convenzione sociale e la sua qualità è retta da altrettante convenzioni sociali, la rendita cui essa dà origine attraverso la sua creazione e il suo uso – ciò che va sotto il nome di 'signoraggio', e tema che Storelli esamina con lucidità – appartiene a chi quelle convenzioni le sostiene accettandola: la collettività. Si palesano per questa via le grandi storture, foriere anche di rilevantissime ripercussioni di ordine economico, rivenienti da trattamenti contabili delle varie forme di moneta che oggi sono del tutto anacronistici e che ignorano la natura autentica della moneta. Come conseguenza, ingenti risorse risultano sistematicamente sottratte alla collettività, forzandone il ricorso all'indebitamento.[1]

Su questa scia, ed elaborando i concetti di corso legale e corso libero della moneta–convenzione, Storelli prosegue valorizzando l'idea che Stati di paesi che abbiano ceduto la propria sovranità monetaria in favore di una moneta unica,

---

[1] La materia è analizzata nel contesto del nuovo "Approccio Contabile" alla moneta, per il quale rinvio ai recentissimi lavori in collaborazione con il Prof. Massimo Costa, *La moneta è capitale o debito di chi la emette?*, Economia e Politica, 22 gennaio 2018, e *Moneta bancaria: debito o rendita da signoraggio?*, Economia e Politica, 15 febbraio 2018.

possano riappropriarsi di una funzione monetaria a fini di sostegno interno dell'economia, attraverso l'introduzione di monete (o quasi-monete) a corso libero che circolino parallelamente alla moneta legale unica e senza emissione di debito. È questo, per esempio, l'obiettivo cui punta il progetto della Moneta Fiscale per l'Italia (ed estensibile ad altri paesi), che ha a cuore la preoccupazione democratica di attivare un processo nazionale di crescita economica vigorosa e stabile, non sostenuto da nuovo debito (pubblico o privato) e che garantisca livelli di benessere sociale ben maggiormente diffusi di quanto non si riesca oggi a ottenere con gli attuali modelli di sviluppo altamente sperequato.[2]

Nel medesimo contesto, e sempre sulla base della concezione della moneta come convenzione, per la quale chi crea il valore della moneta (confidandone nella qualità) è chi la accetta, non chi la emette, Storelli dà conto di come attribuire tale valore alla collettività attraverso il 'reddito di cittadinanza', secondo un principio che, come il nome stesso suggerisce,

---

[2] Si veda Bossone, B., M. Cattaneo, M. Costa e S. Sylos Labini, *Moneta Fiscale: il punto della situazione*, MicroMega, 17 giugno 2017.

conferisce ai membri di una collettività nazionale la titolarità di valori monetari per il semplice fatto che essi ne siano i cittadini.

È interessante osservare che il reddito di cittadinanza di cui parla Storelli non sarebbe finanziato dalla fiscalità generale, bensì dall'emissione di una nuova moneta di Stato. Il reddito di cittadinanza, pertanto, trasferirebbe ai cittadini il signoraggio derivante dall'attività di creazione della moneta. Sostenuto dalla capacità dell'offerta produttiva nazionale di corrispondere alla maggiore domanda interna, il meccanismo rappresenterebbe una forma di democrazia economica che al potere (di signoraggio) incontrastato del Sovrano sostituisce una maggiore partecipazione del popolo alla ricchezza nazionale che esso stesso concorre a produrre.

L'enfasi che il lavoro di Storelli pone sulla moneta-convenzione, di aristotelica concezione, ci induce ad assumere consapevolezza della circostanza che nessuna convenzione è per natura data e immutabile, ma è invece il frutto di dinamiche sociali che la rendono adeguabile (e persino sovvertibile) nel tempo. È l'esercizio individuale e collettivo della ragione, il progresso della conoscenza e l'emergere di

17

nuove idee, nonché il rispetto del metodo democratico di scelta, che possono insieme contribuire a definire nuove, migliori e condivise convenzioni sociali su cui reggere la vita della collettività. Ciò può (e deve) pensarsi anche per una delle convenzioni sociali più importanti fra tutte – la moneta. Nuove forme di moneta e nuovi usi possono (e debbono) ricercarsi, nel contesto di regole che ne preservino la qualità, allo scopo di aiutare le nostre società a trovare vie verso uno sviluppo più armonico, meno diseguale, più partecipativo.

Il pregevole libro di Davide Storelli è un valido contributo alla realizzazione di questo importante obiettivo.

Biagio Bossone

2. Introduzione

In questo lavoro si indaga sulla natura della moneta, cercando di risalire alla genesi del suo valore, alla luce di quanto osservato da Aristotele ed analizzando la relazione, sotto il profilo logico, tra le tre funzioni universalmente riconosciute alla moneta, ossia unità di conto, mezzo di scambio e riserva di valore.

Si indaga sul rapporto tra moneta merce (da cui scaturisce la necessità della convertibilità delle banconote) e moneta segno (da cui scaturisce il concetto di moneta fiat), evidenziando le differenze tra valori creditizi e valore monetari.

Si verificano i profitti rinvenienti dall'emissione di moneta e si osserva il modo in cui le banche, centrali e commerciali, contabilizzano tali profitti.

Si definisce il corso legale precisandone la distinzione dal corso forzoso ed evidenziando la mutazione di fattispecie giuridica – da titolo di credito a carta-moneta - che si è verificata con il venir meno della convertibilità della moneta cartacea in metalli preziosi.

Si passa poi a definire la cosiddetta moneta bancaria (o moneta scritturale) analizzandone il rapporto con la moneta a corso legale.

Si verifica la capacità liberatoria dei pagamenti in moneta bancaria, alla luce di quanto statuito dalla Giurisprudenza nonché di quanto osservato dalla Banca Centrale Europea, soffermandosi su alcune questioni giuridiche che emergono dall'imposizione di limiti all'utilizzo del contante.

Si appura se gli Stati dell'eurozona hanno margini giuridici, alla luce della normativa europea, per adottare una propria moneta parallela, considerando le fattispecie della moneta a corso libero (incluso la moneta fiscale) e dei biglietti di Stato e non sorvolando sui rischi che l'eventuale adozione di una seconda moneta potrebbe comportare.

Si verificano i benefici, anche in termini di democrazia, che il pieno esercizio della sovranità monetaria potrebbe comportare.

Si passa quindi ad analizzare il fondamento economico-monetario del cosiddetto reddito di cittadinanza, alla luce degli studi presenti in letteratura nonché delle diverse esperienze concrete già realizzate.

Si valuta l'ipotesi del riconoscimento di un reddito di cittadinanza limitato ad un dato territorio (reddito locale), analizzandone i benefici unitamente all'adozione di una moneta locale complementare alla moneta a corso legale.

Si analizza la fattispecie della rarefazione monetaria alla luce delle politiche monetarie di alcune tra le principali banche centrali occidentali a partire dalla crisi del 2008 e si verificano le conseguenze per le banche commerciali, per i correntisti e, in generale, per l'economia derivanti dalla soppressione del Glass-Steagall Act e delle normative nazionali da esso derivate.

Si evidenziano, in modo chiaro, le connessioni tra la funzione monetaria e la democrazia, poiché le scelte in ambito monetario (sia a livello centrale che a livello periferico, mediante i finanziamenti concessi dalle banche commerciali) sono foriere di conseguenze sociali.

Davide Storelli

3. Cosa è la moneta

Oro, argento, biglietti di carta, bit del computer, come nasce il valore della moneta?

Sempre più spesso si sente affermare che non ci sono i soldi, ma cosa sono i soldi?

Cerchiamo di rispondere partendo da cosa pensava, a riguardo, una persona che avrebbe influenzato il pensiero occidentale come pochi altri: Aristotele.

Ascoltiamo cosa ci ha detto circa 2.300 anni fa:

"Tutto ciò che è oggetto di scambio deve essere in qualche modo commensurabile. A questo scopo è stata inventata la moneta, che è diventata una sorta di termine medio, dato che misura tutto. Misura sia l'eccesso che il difetto e quindi anche quante scarpe siano uguali a una casa o a ad una determinata quantità di viveri. Bisogna, dunque, che il rapporto che c'è tra un architetto ed un calzolaio ci sia tra un determinato numero di scarpe e una casa o una certa quantità di cibo. Infatti, se non

vi è commensurabilità non si possono avere né scambio né comunità. E questo non si attuerà se i beni da scambiare non siano in qualche modo uguali. Quindi è necessario che tutto venga misurato con un qualcosa di unitario, come abbiamo già detto prima. Questo, in verità, è il bisogno, che tiene unita la comunità; se infatti non vi fosse bisogno di nulla, o se non vi fosse bisogno in modo comparabile, lo scambio non avrebbe luogo o non sarebbe lo stesso. E come mezzo di scambio per soddisfare il bisogno è nata, per accordo comune, la moneta, e per questo ha il nome di nomisma (moneta), perché **non è per natura ma per convenzione e dipende da noi cambiarne il valore o renderla senza valore.** (...) Se in un certo momento non abbiamo bisogno di nulla, la moneta è una sorta di garanzia che gli scambi saranno possibili anche in futuro (funzione di riserva di valore, n.d.r.), quando saranno necessari, giacché deve essere possibile a chi porta moneta ricevere ciò di cui ha bisogno. Anche la moneta subisce l'inconveniente di non avere sempre il medesimo potere d'acquisto, tuttavia il suo valore tende a rimanere piuttosto stabile. E' per questo che tutte le merci devono essere valutate in moneta; così, infatti, sarà sempre possibile uno scambio e, se sarà possibile lo scambio, sarà possibile anche la comunità. Dunque la moneta, come misura, parifica le merci perché le rende tra loro commensurabili, infatti non ci sarebbe comunità senza scambio, né scambio senza parità, né parità senza commensurabilità. In verità sarebbe impossibile rendere commensurabili cose tanto differenti, ma ciò è possibile in misura sufficiente in rapporto al bisogno. Per conseguenza ci deve essere una unità, ma questa c'è per convenzione, perciò si chiama nomisma (moneta) perché è questa che rende tutte le cose commensurabili: tutto, infatti, si misura in moneta. Sia A una casa, B dieci mine, C un letto. A è la metà di B se la casa vale cinque mine, cioè è uguale a cinque mine; il letto C, poi, vale un decimo di B: è chiaro allora, quanti letti sono uguali ad una casa: cinque. Ma che così lo scambio fosse possibile anche prima che ci fosse la moneta è chiaro: non c'è, infatti, alcuna differenza tra dare per una casa cinque letti o il valore di cinque letti in moneta".[3]

_____

[3] Aristotele, Etica Nicomachea, V, 1133.

Aristotele, come sempre, analizza con estrema lucidità ciò che accade, e lo fa partendo dalle finalità: qual è l'obiettivo da raggiungere? Agevolare gli scambi.

Qual è il modo migliore per raggiungerlo? Rendere gli oggetti da scambiare in qualche modo commensurabili. Come fare? Con una moneta.

Ecco la finalità fondamentale della moneta: quella di unità di conto. Grazie a questo "qualcosa di unitario", si ottiene la commensurabilità tra gli oggetti, quindi si agevolano gli scambi, e si può instaurare una comunità. Senza la commensurabilità garantita dalla moneta, una comunità, come la conosciamo, non può formarsi.

In quanto unità di conto la moneta è "termine medio". Cosa significa? Se ho un bene ed intendo cederlo per ottenerne un altro, posso cedere il mio bene ottenendo una data quantità di moneta, che mi consentirà di ottenere il bene di cui ho bisogno da un altro soggetto, cedendogli la moneta precedentemente ottenuta.

La moneta agevola gli scambi nella misura in cui consente di superare i limiti del baratto diretto: bene contro bene.

Allora, definire la moneta termine medio significa precisare che lo scambio non si perfeziona con la cessione di un bene a fronte dell'acquisizione di moneta; lo scambio si perfeziona con la successiva cessione della moneta ottenuta, in modo da entrare in possesso di un bene diverso da quello ceduto.

Solo allora lo scambio sarà perfezionato perché solo allora il soggetto si sarà privato di un bene e ne avrà ottenuto un altro.[4]

Termine medio, intermediario degli scambi, mezzo di scambio, queste sono le funzioni che la moneta, l'unità di conto, consente di espletare.

Ma allora, il termine medio ha valore solo nella misura in cui consente di ottenere altri beni, non ha valore in sé (non ha valore intrinseco, ad eccezione del mero valore d'uso).

Il suo valore è strettamente ancorato alla sua capacità di far ottenere al relativo possessore altri beni.

Una moneta che non consenta di ottenere qualcosa non è una moneta.

---

[4] Approfondisco questa indagine nel mio "Alchemy – Moneta, Valore, Rapporto tra le Parti", Sovera editore, 2015.

Allora, ancorché d'oro, di argento, o di qualsiasi altro materiale prezioso, la moneta ha valore solo se consente di ottenere qualcos'altro.

"Il denaro pare una cosa vana e puro frutto di convenzione, senza un fondamento naturale perché, se quelli che lo usano preferiscono una moneta ad un'altra, la prima perde valore e non serve più a soddisfare alcuna necessità della vita, e chi è ricco di denaro potrà mancare del nutrimento necessario. Sarebbe una ben strana ricchezza quella la cui abbondanza non salvasse dalla morte di fame, come narrano di quel Mida, il quale, con la sua esagerata preghiera, ottenne che tutte le cose che gli venivano accanto si mutassero in oro".[5]

"La moneta non è per natura ma per convenzione e dipende da noi cambiarne il valore o renderla senza valore".

Riuscite a cogliere l'importanza di questa osservazione?

La moneta non è qualcosa che cresce sugli alberi, qualcosa che si trova nelle miniere, qualcosa che dobbiamo realizzare, la moneta non è per natura, è per convenzione, e dipende da noi modificarla o renderla senza valore.

---

[5] Aristotele, Politica, I, 1257b.

Ciò che conta, quindi, non è l'oggetto che decidiamo di utilizzare come moneta, ma la decisione di utilizzare quell'oggetto come moneta.

Ciò che conta non è l'oro, l'argento, la carta o i bit del computer, ciò che conta è la convenzione, l'accordo tra noi raggiunto nell'individuare qualcosa come unità di conto e mezzo di scambio. Qualcosa che ci consenta di soddisfare i nostri bisogni, i differenti bisogni dei vari membri della comunità.

In tal modo, la moneta ottenuta cedendo un bene diventa una garanzia di uno scambio futuro, giacché sappiamo che ci sarà qualcuno che accetterà quella moneta cedendoci un proprio bene, un bene di cui avremo bisogno in futuro. Senza accettazione convenzionale, ciò che abbiamo in mano non è moneta.

Questa fondamentale constatazione è stata finalmente fatta propria anche dalla Banca d'Italia, la quale, correttamente, osserva che: *"L'acquirente consegna moneta al venditore in cambio di un bene o di un servizio; in questo modo si libera da ogni obbligo nei confronti del venditore, il quale, **accettandola,*** *ne riconosce il valore"*.[6] Quindi chi riconosce (e quindi crea) valore alla moneta non è chi la emette ma chi la accetta.

Prima dell'accettazione - la prima accettazione a seguito della relativa emissione - quell'oggetto non è moneta. Potrà essere "moneta potenziale", ma affinché diventi "moneta reale" è necessario trovare qualcuno disposto a cedere un bene o ad erogare un servizio in cambio di quella "moneta potenziale".

Solo con la prima accettazione, quella diventa moneta, poiché qualcuno le ha attribuito (le ha riconosciuto) un valore pari a quello del bene ceduto o del servizio erogato.

Quindi Aristotele ha perfettamente individuato le funzioni caratteristiche di ogni moneta, che sono, in ordine decrescente di importanza sotto il profilo logico:

1) unità di conto ossia misura del valore;

2) mezzo di scambio;

3) riserva di valore.

---

[6] Banca d'Italia, La moneta e gli strumenti alternativi al contante, Quaderni didattici, Scuola secondaria di secondo grado, p. 5, http://www.bancaditalia.it/pubblicazioni/quaderni-didattici/moneta-scuola-secondaria-secondo-grado/LaMoneta_Scuola_secondaria-sg_pagSingole.pdf.pdf.

Per ottenere queste tre funzioni serve un'unica cosa: una convenzione sociale.

Ne consegue che il valore meramente convenzionale della moneta avrebbe dovuto essere ben chiaro già prima della soppressione della convertibilità della banconota in oro.

Invero, il 15 agosto 1971 è stata formalizzata la soppressione della convertibilità dei dollari in oro, e quindi della convertibilità indiretta in oro di ogni altra banconota (cosiddetto sistema del *Gold Exchange Standard* nato con gli accordi di Bretton Woods del 1944).

Quando il presidente degli Stati Uniti Nixon, parlando in televisione, ha dichiarato che da quel momento gli Stati Uniti non avrebbero più convertito in oro i dollari detenuti dai non residenti (quelli detenuti dai residenti erano già inconvertibili in oro), qualcuno avrebbe potuto interrogarsi su cosa conferisse valore alla moneta, ossia perché le persone avrebbero continuato ad usare i dollari - o le altre banconote in essi convertibili - sapendo che non erano più convertibili in oro.

Se lo avessero fatto, forse sarebbero arrivati ad una risposta cui Aristotele era arrivato 2.300 anni prima di loro.

La banconota, esattamente come il doblone d'oro o qualsiasi altro oggetto impiegato come moneta, non ha valore in sé (ad eccezione del valore d'uso), ma ha valore solo se la collettività è disposta ad usarla come mezzo di scambio.

Se la collettività è disposta ad usare un certo oggetto come mezzo di scambio esso diventa moneta, indipendentemente dal relativo valore d'uso (da cui scaturisce il valore commerciale), che può essere anche infimo o inesistente, come espressamente riconosciuto dalla Banca Centrale Europea.[7]

Per converso, se si intende impiegare come moneta un oggetto di rilevante valore commerciale, ma la collettività non è disposta ad impiegarlo come mezzo di scambio, quell'oggetto, ancorché prezioso, non diventa moneta.

Ne consegue che qualora venga impiegato come moneta un oggetto avente un determinato valore d'uso/valore commerciale, impropriamente definito valore intrinseco, il

---

[7] "From a legal perspective, money is anything that is used widely to exchange value in transactions", BCE, Virtual Currency Schemes - A Further Analysys, 2015, p. 24,
https://www.ecb.europa.eu/pub/pdf/other/virtualcurrencyschemesen.pdf.

valore monetario propriamente detto di quell'oggetto sarà determinato dal valore di scambio meno il valore commerciale.

Quindi, per una moneta d'oro (o per una banconota convertibile in oro), il valore monetario sarà determinato dal valore di scambio di quella moneta, ossia quello impresso su di essa, al netto del valore commerciale della quantità di oro di cui essa è costituita (o in cui può essere convertita).

Per una banconota inconvertibile il valore monetario è pari al valore della cifra riportata su di essa al netto dei costi di stampa.

Per la moneta elettronica il valore monetario è praticamente pari al valore della cifra riportata.

Allora, il dibattito accademico tra le due teorie monetarie principali, quella incentrata sul concetto di moneta-merce (c.d. teoria metallista), e quella incentrata sul concetto di moneta-credito, appare irrimediabilmente stucchevole essendo entrambi i concetti, quello di merce e quello di titolo di credito del tutto inadeguati a connotare la moneta.[8] Ne consegue che

---

[8] Per un'analisi dei due approcci menzionati: Geoffrey Ingham, *La natura della moneta*, Fazi editore, 2016.

la gran parte della dottrina è da lungo tempo impegnata in un dibattito scientifico alquanto fuorviante.

La moneta non è una merce perché può essere costituita da un oggetto di valore praticamente inesistente (come la carta o i bit del computer); non è un titolo di credito perché manca l'obbligo di convertirla in altro[9] e senza tale obbligo non si può configurare alcun credito/debito, nemmeno nella forma, giuridicamente abnorme, di "debito inesigibile", come oggi viene spesso definita.

Premesso, infatti, che si esige un credito, non un debito, è necessario osservare che un credito può effettivamente diventare inesigibile per fattori contingenti, quali l'impossibilità del debitore di farvi fronte.

Il credito, tuttavia, non può mai nascere inesigibile, poiché un credito di tale natura è un credito inesistente, quindi la fattispecie del credito inesigibile *ab origine* è sconosciuta al diritto.

---

[9] Tale obbligo, oltre a mancare ai giorni nostri, è spesso mancato in passato in conseguenza dell'imposizione del corso legale, come vedremo tra poco.

Il valore monetario deve essere tenuto ben distinto dal valore creditizio poiché si tratta di valori completamente diversi.

Il valore creditizio, infatti, è sottoposto al rischio di inadempimento del debitore, il valore monetario no, poiché la moneta circola liberamente per il solo fatto di essere accettata, per cui il suo valore è attuale e certo, a differenza del credito.

Quest'ultimo, inoltre, si estingue col pagamento, la moneta no perché, in quanto unità di conto, è concepita per un impiego ripetuto.

La moneta, come visto, è mera convenzione (anche quando ha ad oggetto un bene reale), per cui invece di moneta-merce o di moneta-credito è opportuno parlare di moneta-segno.

Come ha evidenziato Aristotele, la costituzione di una moneta non è un fatto naturale, dipendente da accadimenti fuori controllo, ma un fatto sociale, dipendente dalla volontà dei consociati.

Solo i consociati possono decidere cosa impiegare come moneta, e quindi solo i consociati possono "dare corso" ad una moneta oppure portarla "fuori corso".

Solitamente tale scelta, nelle moderne democrazie, avviene attraverso un atto legislativo, in base al quale il Parlamento, in rappresentanza del popolo, statuisce che da quel momento in avanti una data moneta ha "corso legale" in quella data comunità statale.

Prima, tuttavia, di approfondire il corso legale, nel prossimo capitolo verifichiamo come viene quantificato e contabilizzato il reddito che deriva dalla creazione del denaro.

4) Reddito da emissione monetaria

In merito alla quantificazione del reddito derivante dall'emissione di moneta, altrimenti definibile signoraggio, la Banca d'Italia osserva: "Con l'avvento della carta moneta le potenzialità di estrarre un profitto dal signoraggio si ampliarono, sia per via del costo minimo di produzione, sia perché ai biglietti cartacei si poteva imporre un valore arbitrariamente alto. (...) Quando la moneta è prodotta dallo Stato, è quest'ultimo che, spendendola ad esempio per acquistare beni e servizi, la mette in circolo nell'economia e realizza immediatamente il controvalore, al netto dei costi di produzione".[10]

Quindi il reddito derivante dall'emissione monetaria è dato dal valore indicato sulle monete meno i costi sostenuti per produrle.

---

[10] Banca d'Italia, *Signoraggio*,
http://www.bancaditalia.it/compiti/emissione-euro/signoraggio/index.html.

Per quanto abbiamo già osservato nel capitolo precedente, tale reddito equivale al valore monetario propriamente detto.

Resta, a questo punto, alquanto priva di idonea legittima motivazione la condotta della Banca d'Italia consistente nell'appostare al passivo il valore delle monete metalliche coniate,[11] così incrementando il debito pubblico e privando lo Stato del reddito che avrebbe dovuto percepire dal conio delle medesime.

Non si comprende, infatti, in base a quale titolo tali monete possano rappresentare una passività per lo Stato, essendo essa limitata ai costi vivi di conio e non certo al valore facciale delle monete coniate, che, invece, corrisponde al valore al quale sono spese, ossia all'utilità economica che con esse si ricava.

Analogamente resta priva di idonea legittima motivazione la condotta della banca centrale (prima nazionale, ora europea) consistente nell'appostare al passivo il valore delle banconote emesse.[12]

---

[11] Si veda, al riguardo, Banca d'Italia, *Finanza pubblica, Fabbisogno e debito*, http://www.bancaditalia.it/pubblicazioni/finanza-pubblica/2017-finanza-pubblica/statistiche_FPI_20171215.pdf.

[12] Si veda, per esempio, lo stato patrimoniale consolidato al 2016

Tale valore, infatti, non rappresenta un costo per la banca, essendo esso limitato ai soli costi di stampa e non certo al valore facciale delle banconote emesse, che, invece, analogamente alle monete metalliche, corrisponde al valore al quale sono spese per ricavarne un'utilità economia, per esempio, l'acquisto di titoli di Stato.

In questo caso l'utilità economica, diversamente da quanto rappresentato dalle banche centrali, è data dall'intero ammontare dei titoli di Stato acquistati, non dai soli interesse da essi riconosciuti, poiché con la moneta emessa non si ottengono, in contropartita, i soli interessi, bensì il pieno valore dei titoli di Stato più gli interesse ad essi accessori.

Le banche centrali, invece, appostando al passivo l'intero valore della moneta emessa, evidenziano come reddito da emissione monetaria i soli interessi sui titoli di debito detenuti in contropartita della moneta emessa, poiché il valore di tali titoli, appostato all'attivo, viene bilanciato dalla corrispondente moneta emessa, appostata al passivo.

---

dell'Eurosistema al 31/12/2016,
https://www.ecb.europa.eu/pub/pdf/other/eurosystembalancesheet2016.it
.pdf?6e118392f8774c739e6ef64f0513aadf.

Analoga osservazione può essere avanzata per la moneta elettronica, ossia per quella che va a costituire le cosiddette riserve di banca centrale, anche esse indebitamente appostate al passivo.

In tal modo, come riconosce l'ex governatore di banca centrale Biagio Bossone, i ricavi dell'attività di emissione monetaria non transitano dal conto economico, ma vengono automaticamente ed erroneamente appostati al passivo, invece di integrare il capitale sotto forma di utili non distribuiti; analogamente a quanto fanno le banche centrali appostando al passivo la moneta emessa, le banche commerciali ottengono ricavi appostando al passivo "debiti verso la clientela".[13]

In realtà, la condotta consistente nell'appostare al passivo il valore delle banconote emesse poteva considerarsi legittima quando le banconote erano convertibili in oro poiché erano titoli di credito.

L'appostamento al passivo, infatti, corrispondeva all'obbligo, nei confronti del portatore della banconota, di convertirla in una quantità di oro pari all'importo ivi riportato.

---

[13] Bossone B., Costa M., (2018), *Economia e Politica*, anno 10 n. 15, sem. 2.

Venuto meno questo obbligo, e quindi divenuta la moneta cartacea non più un titolo di credito bensì mera carta-moneta, viene meno anche la legittimazione di appostare al passivo il valore delle monete cartacee emesse, giacché la banca centrale non è più gravata di alcun debito nei confronti dei relativi portatori.

In merito all'osservazione per la quale l'acquisto di titoli di Stato (titoli di debito) da parte della banca centrale non concorrerebbe alla formazione del debito pubblico, possiamo precisare che questa affermazione sarebbe corretta se la banca centrale fosse un ente pubblico poiché, in tal caso, il suo bilancio sarebbe consolidato in quello dello Stato, e quindi il debito dello Stato sarebbe compensato dal corrispondente credito di un ente pubblico.

Poiché la banca centrale europea non è un ente pubblico, tale affermazione non è corretta per gli Stati dell'eurozona.

In realtà, infatti, la banca centrale europea non può essere considerata banca centrale di alcuna nazione dell'eurozona e, conseguentemente, l'euro, ancorché moneta a corso legale in ogni nazione dell'eurozona, non può essere considerata moneta nazionale di alcuna di queste nazioni.

Per quanto concerne l'Italia, l'osservazione riportata era parimenti scorretta anche prima dell'adesione all'eurozona, giacché la Banca d'Italia, ancorché ente di diritto pubblico (in quanto il proprio statuto è disciplinato da legge dello Stato) non è un ente pubblico, come si evince dalla composizione del relativo capitale sociale,[14] i cui partecipanti non sono soltanto enti pubblici, anzi, tali enti (Inps e Inail) detengono delle quote assolutamente minoritarie (appena il 3% l'uno).

Come è stato opportunamente osservato: "Considerare la moneta come debito anche quando non lo è, ed immetterla come tale nel sistema, eleva artificialmente il costo di funzionamento dell'economia, e il servizio del debito che ne consegue drena liquidità dal sistema, sottrare risorse reali dall'economia, e richiede l'emissione periodica di nuovo debito affinché l'economia possa funzionare. La capacità di crescita economica viene erosa da tale meccanismo, allorché

---

[14] Per l'elenco dei partecipanti al capitale della Banca d'Italia al 20/12/2017: https://www.bancaditalia.it/chi-siamo/funzioni-governance/partecipanti-capitale/Partecipanti.pdf.

l'accumulazione di debito impone obblighi di contenimento e di aggiustamento. Finora questa contraddizione non sembra avere incontrato soluzioni serie: non lo sono certo l'aggressione fiscale dei patrimoni e dei redditi delle economie più deboli, o lo smantellamento dell'intera spesa pubblica, sempre a danno di settori o delle aree più vulnerabili, non solo per gli effetti sociali devastanti che essi provocano, ma anche perché dimostrano di non funzionare affatto".[15]

Poiché nel sistema attuale sia le banche centrali che le banche commerciali erogano moneta soltanto in conseguenza di un debito, la necessaria conseguenza giuridica di tale situazione è che, in un'ottica di insieme, i debiti sono inevitabilmente impagabili.

Sarebbero tecnicamente pagabili solo ove la moneta per pagarli non fosse rinveniente da un debito.

Ed in realtà, un debito impagabile è un debito inesistente.

Oggi la maggior parte dei mezzi monetari in circolazione viene emessa dalle banche commerciali sotto forma di moneta

---

[15] Bossone B., Costa M., cit.

bancaria o moneta scritturale emessa in conseguenza dell'erogazione di un prestito.

Al riguardo, nel 2014 la Banca d'Inghilterra ha riconosciuto che, in buona sostanza, le banche non sono intermediari finanziari poiché non sono i prestiti a seguire i depositi, ma i depositi a seguire i prestiti.[16]

La BCE, con un comunicato del 24 novembre 2015 (aggiornato il 20 giugno 2017)[17] ha ribadito che le banche commerciali possono creare moneta "interna" (moneta bancaria, moneta scritturale), ossia depositi bancari, ogni volta che erogano un nuovo prestito.

Ciò significa che non vi è alcuna necessità di una preesistente disponibilità – ancorché frazionaria - al fine dell'erogazione di un prestito, giacché la relativa disponibilità viene creata al momento, ossia all'atto dell'erogazione del prestito, mediante la creazione dell'opportuno deposito.

---

[16] Bank of England, Quarterly Bulletin 2014 Q1, pp. 14 e ss., https://www.bankofengland.co.uk/-/media/boe/files/quarterly-bulletin/2014/money-creation-in-the-modern-economy.pdf?la=en&hash=9A8788FD44A62D8BB927123544205CE476E01654.

[17] https://www.ecb.europa.eu/explainers/tell-me-more/html/what_is_money.it.html.

Il deposito non deve essere preesistente rispetto alla concessione del prestito, giacché viene creato alla bisogna. Non è necessario attingere ad alcuna preesistente disponibilità patrimoniale, quindi non si effettua alcuna intermediazione, ma una pura e semplice creazione di moneta, nella esatta misura in cui serve per l'erogazione del prestito: ti devo prestare 100? Creo 100 e li metto a deposito.

Pochi però hanno notato che, se è così, dov'è il rischio? Cosa rischia la banca se presta denaro che non ha, ma che crea al momento? Quale sarebbe il rischio d'impresa, idoneo a legittimare un profitto?

Se il denaro viene creato alla bisogna, che senso ha parlare di "costo del denaro"? Se la banca commerciale, al pari della banca centrale, può creare denaro in tal modo, non si può parlare di risorsa scarsa. Ma se la risorsa non è scarsa, perché ha un prezzo?

Ha forse un prezzo l'aria, la luce del sole, la capacità di scrivere numeri su un computer?

Allora, se il denaro cessa di essere una risorsa scarsa, forse sarebbe il momento di pensare a nuovi modelli economici giacché quelli attuali, tesi all'arricchimento ossia all'accumulazione capitalistica, sembrano avere sempre meno senso.

5) Il corso legale

Lo Stato, nell'esercizio delle proprie prerogative sovrane, è libero di individuare la moneta che, per legge, ha potere liberatorio per le obbligazioni pecuniarie nel territorio dello Stato, ossia per i debiti aventi ad oggetto una somma di denaro.

Nell'ordinamento italiano tale principio è sancito dall'art. 1277 c.c., rubricato "debito di somma di denaro".[18]

Tale moneta viene perciò definita moneta a corso legale o anche moneta legale.

Ciò significa che un creditore di un'obbligazione pecuniaria non può legittimamente rifiutare, da parte del proprio debitore, un pagamento in tale moneta.

Il debitore, pertanto, si libera dalla propria obbligazione pecuniaria versando al creditore la somma richiesta in moneta a corso legale.

---

[18] Art. 1277 c.c.: "I debiti pecuniari si estinguono con moneta avente corso legale nello Stato al tempo del pagamento e per il suo valore nominale".

Individuata la moneta a corso legale, lo Stato paga i propri fornitori interni in tale moneta ed impone il versamento dei tributi in tale moneta.

Tale condotta dello Stato fa sì che anche i consociati siano ben disposti ad accettare la moneta a corso legale a fronte della cessione di propri beni o servizi, giacché sanno che quella moneta serve per pagare le tasse, per cui tutti, dovendo pagare le tasse, saranno disposti ad accettarla.

Il venditore, pertanto, che è libero di chiedere qualsiasi cosa in cambio di un bene di sua proprietà, è ben disposto a chiedere una contropartita in moneta a corso legale giacché sa che, venduto il proprio bene ed incassata la relativa somma in tale moneta, non avrà problemi a procurarsi ciò di cui avrà bisogno, poiché non avrà problemi a farsi accettare la moneta precedentemente ottenuta.

Quindi, il corso legale di una moneta nasce dalla norma che definisce liberatorio il pagamento in quella moneta, mentre il corso forzoso discende dall'obbligo di pagare i tributi in quella moneta.

Solitamente la moneta a corso legale è anche la moneta a corso forzoso perché lo Stato impone il pagamento dei tributi in moneta a corso legale. Ciò non esclude che lo Stato sia libero di accettare, in pagamento dei tributi, anche una moneta diversa da quella avente corso legale.

Lo Stato, grazie all'imposizione fiscale, induce l'accettazione generalizzata da parte dei consociati della moneta a corso legale, per questo si parla anche di corso forzoso, anche se sarebbe più corretto parlare di corso indotto, giacché lo Stato non può forzare qualcuno ad accettare una data moneta in cambio della cessione di un proprio bene o di un servizio, così come non può vietare la permuta (ossia il baratto).

Lo Stato, infatti, può esigere che una parte del valore della transazione venga versata allo Stato a titolo di imposizione fiscale, ma non può imporre il modo in cui i consociati decidono di scambiarsi beni o servizi, né può imporre ad un venditore, ancorché professionale, quale mezzo di pagamento accettare, giacché l'iniziativa economica privata è libera (e tale libertà, in Italia, è riconosciuta e garantita dalla più alta fonte di diritto ossia dalla Carta Costituzionale, in particolare dall'art. 41).

I consociati, infatti, nonostante il corso legale, sono liberi di regolare le proprie transazioni come meglio credono, anche impiegando, in tutto o in parte, un differente mezzo di pagamento (un differente mezzo monetario).

Il corso legale è stato storicamente impiegato per far affermare una certa moneta in un dato ambito territoriale, solitamente nazionale ma a volte anche più ampio, basti pensare agli imperi coloniali e all'utilizzo della moneta del Paese *core* anche dopo il crollo del relativo impero (si vedano gli esempi della Francia e della Gran Bretagna).

L'imposizione del corso legale era solitamente contestuale alla sospensione della convertibilità della moneta cartacea in metalli preziosi (oro e argento).

I consociati, infatti, erano ben disposti ad accettare una moneta cartacea convertibile in metalli preziosi giacché sapevano che avevano in mano non un mero pezzo di carta ma un titolo di credito, ossia un documento che poteva essere presentato all'incasso per ottenere il metallo prezioso nella quantità ivi riportata.

E' stato possibile far accettare ai consociati una moneta cartacea non più convertibile in metalli preziosi solo imponendo per legge il corso di tale moneta, ormai non più titolo di credito ma carta-moneta.

L'imposizione del corso legale, tuttavia, non è stata sufficiente ad imporre ai consociati di accettare quella moneta quando lo Stato ha dato cattiva prova di sé, ossia ha perso la fiducia dei cittadini.

Come riconosce espressamente la BCE,[19] neanche l'imposizione fiscale è in grado di indurre i consociati ad accettare una moneta quando essi, perdendo fiducia in chi la emette (prima lo Stato, ora le banche centrali), sanno che avranno difficoltà ad impiegarla, perché anche gli altri tendono ad accettarla con sempre maggior riluttanza.

In quanto convenzione sociale, la moneta rimane tale fin tanto che persiste tale convenzione, e cessa di essere moneta quando i cittadini non le riconoscono più la funzione tipica di

---

[19] BCE, *Cos'è la moneta?* https://www.ecb.europa.eu/explainers/tell-me-more/html/what_is_money.it.html.

mezzo di scambio, ancorché una legge continui a definirla moneta a corso legale.

Correttamente, al riguardo, la Banca Centrale Europea[20] ha riconosciuto che la moneta si fonda sulla fiducia della gente, per cui, indipendentemente da qualsiasi costrizione statale, se la fiducia della gente in quella moneta (ossia in chi la amministra)[21] viene meno, quella moneta comincia a perdere le proprie funzioni monetarie, ossia le gente inizia a ridurne l'utilizzo come unità di conto, mezzo di scambio e riserva di valore.

Altrettanto correttamente la BCE definisce la moneta: "una istituzione sociale",[22] e non a caso Aristotele, nell'Etica Nicomachea, tratta la moneta al libro V, ossia proprio il libro

---

[20] European Central Bank, *Virtual Currency Schemes*, 2012, p. 10, https://www.ecb.europa.eu/pub/pdf/other/virtualcurrencyschemes201210 en.pdf

[21] Ossia, oggi, sia nella banca centrale, competente per la fase di emissione, sia nello Stato, competente per la fase di prelievo, mediante l'imposizione fiscale, nonché responsabile nell'aver delegato, per legge, l'emissione della moneta di Stato ad un soggetto diverso dallo Stato, quale, per l'appunto, la banca centrale. Si rammenta che in passato le caratteristiche che consentivano ad una data autorità di definirsi sovrana erano essenzialmente due: l'uso della forza, in grado di difendere un dato territorio, e il conio di una moneta, in uso in quel territorio.

[22] European Central Bank, *Virtual Currency Schemes*, 2012, p. 10, cit.

dedicato alla giustizia[23] (altro che neutralità della moneta o della funzione monetaria).

---

[23] Il titolo del libro è: "La giustizia come reciprocità. La moneta".

6) La moneta bancaria

La moneta bancaria o scritturale è quella che nasce in conseguenza di mere scritture contabili effettuate dalle banche nei propri database.

Sono moneta bancaria o scritturale, per esempio, i bonifici bancari, gli assegni circolari, gli addebiti diretti, i versamenti mediante carte di credito, di debito o prepagate, e così via.

Si tratta di moneta scritturale proprio perché la banca, a fronte di un ordine di pagamento da parte del debitore - che può essere impartito in varie forme, sia cartacee, per esempio con assegni circolari, che elettroniche, per esempio con bonifici on line – si limita ad addebitare il conto del debitore e ad accreditare quello del creditore, o a trasferire la relativa informazione (per esempio: 100 da Tizio a Caio), in formato elettronico ed attraverso l'ausilio della banca centrale, presso la banca del creditore, qualora essa fosse differente da quella del debitore.

In ogni caso il trasferimento di moneta scritturale non prevede il trasferimento di contante, in quanto non vi è versamento né di banconote né di monete metalliche, ossia delle uniche forme di moneta a corso legale utilizzabili da cittadini e imprese, mentre la banca centrale può generare ed impiegare anche la moneta elettronica a corso legale.

Le banche sono in grado di gestire i pagamenti in moneta scritturale grazie ad una camera di compensazione interbancaria (gestita dalla banca centrale), che consente loro di regolare le rispettive partite creditorie e debitorie, ossia le disposizioni monetarie da una banca all'altra.

Un meccanismo analogo si riscontra per le transazioni internazionali, mentre i pagamenti transfrontalieri nell'Unione Europea vengono gestiti da una camera di compensazione definita sistema Target 2 (dove Target sta per Trans-European Automated Real-Time Gross Settlement Express Transfer System).

Se un debitore offre al creditore l'adempimento della propria obbligazione pecuniaria in moneta scritturale anziché in contanti può considerarsi legalmente liberato dalla propria obbligazione?

Se per esempio Tizio deve 500 euro a Caio, può limitarsi ad offrirgli un assegno circolare invece di consegnarli 500 euro in banconote?

A questa domanda sembra che la Banca Centrale Europea abbia risposto di no, giacché ha chiaramente puntualizzato che la moneta scritturale, o moneta bancaria, non è moneta a corso legale.[24]

Ne consegue, in base a questa impostazione, che il creditore può legittimamente rifiutarsi di ricevere dal proprio debitore un pagamento che non sia in contanti.

Ma se il pagamento in questione dovesse superare la soglia prevista dalla legge per i pagamenti in contanti?[25]

In questo caso sorgerebbe un vistoso conflitto normativo, poiché in buona sostanza, tale previsione normativa vieta di usare la moneta a corso legale oltre una certa soglia, quindi tale

---

[24] European Central Bank, *Virtual Currency Scheme – A Further Analysis*, 2015, p. 24.
[25] Attualmente fissata in Italia a € 3.000,00 dall'art. 1, comma 898 della Legge 208/2015.

norma collide evidentemente con la fondamentale norma di cui all'art. 1277 c.c., che detta un principio cardine per l'adempimento delle obbligazioni pecuniarie.

Non si può, allo stesso tempo, imporre e vietare una certa modalità di estinzione delle obbligazioni pecuniarie. Una volta statuito che le obbligazioni pecuniarie si estinguono con moneta avente corso legale nello Stato, non ha particolarmente senso statuire, con un differente provvedimento normativo, che per alcune obbligazioni pecuniarie (ossia quelle al di sopra di una certa soglia) la moneta avente corso legale nello Stato è inidonea al relativo adempimento.

O tale moneta è idonea, anzi è legalmente prescritta, o non lo è. Tale aporia normativa appare insolubile, né le finalità comunicate al fine dell'introduzione di tali soglie (lotta all'evasione fiscale, al riciclaggio, ecc.) sono idonee a risolvere un conflitto così radicale, giacché, sotto il profilo logico, l'individuazione di una data finalità, ancorché lodevole, non è sufficiente a dirimere una incoerenza logica.

In pratica il Legislatore sta evidenziando che, per tutta una serie di obbligazioni pecuniarie (ossia quelle al di sopra della soglia prefissata), la moneta avente corso legale ha una efficacia liberatoria inferiore rispetto alla moneta bancaria (che è moneta privata) anzi, la moneta a corso legale perde il proprio corso legale a favore del corso, divenuto legale oltre tale soglia, della moneta bancaria.

Non è una considerazione di poco conto. In pratica la moneta a corso legale sarebbe tale solo sotto una certa soglia, superata la quale, la moneta a corso legale diverrebbe illegale mentre la moneta bancaria (privata) diverrebbe la nuova moneta a corso legale. Forse non era questo l'intento dei Padri Costituenti.

Il cennato orientamento della Banca Centrale Europea sulla moneta bancaria è conforme alla Giurisprudenza italiana maggioritaria, ma nel 2007, con la sentenza n. 26617, la Corte di Cassazione, pronunciandosi a Sezioni Unite, ossia nella massima funzione di nomofilachia (garanzia dell'uniforme interpretazione della legge e dell'unità del diritto nazionale) ha statuito che il debitore ha facoltà di liberarsi dalla propria obbligazione pecuniaria, quand'anche essa fosse al di sotto della soglia legislativamente prevista, non soltanto mediante un pagamento in moneta avente corso legale nello Stato ma anche mediante moneta bancaria (nella specie, assegno circolare).[26]

Quindi la massima Autorità giudiziaria italiana, in opposizione a quanto avrebbe successivamente rilevato la Banca Centrale Europea, ha praticamente sostenuto che non solo la moneta bancaria è moneta a corso legale al di sopra della soglia legislativamente prevista, ma lo è anche al di sotto di tale soglia.

Quindi, mentre la moneta a corso legale conserva il proprio corso legale solo al di sotto della soglia legislativamente prevista, la moneta bancaria è sempre moneta a corso legale.

---

[26] Cass., Sez. Un., n. 26617 del 18/12/2007: "Nelle obbligazioni pecuniarie, il cui importo sia inferiore a 12.500 euro o per le quali non sia imposta per legge una diversa modalità di pagamento, il debitore ha facoltà di pagare, a sua scelta, in moneta avente corso legale nello Stato o mediante consegna di assegno circolare; nel primo caso il creditore non può rifiutare il pagamento, come, invece, può nel secondo solo per giustificato motivo da valutare secondo la regola della correttezza e della buona fede oggettiva; l'estinzione dell'obbligazione con l'effetto liberatorio del debitore si verifica nel primo caso con la consegna della moneta e nel secondo quando il creditore acquista concretamente la disponibilità giuridica della somma di denaro, ricadendo sul debitore il rischio di inconvertibilità dell'assegno".

7) Euro e seconda moneta statale

La Repubblica Italiana, mediante il trattato di Maastricht, ha individuato l'euro come unica banconota avente corso legale nel proprio territorio.

Infatti l'art. 128, comma 1 del TFUE (Trattato sul Funzionamento dell'Unione Europea, che ha recepito il trattato di Maastricht) statuisce che: "La banca centrale europea ha il diritto esclusivo di autorizzare l'emissione di banconote in euro. La banca centrale europea e le banche centrali nazionali posso emettere banconote. Le banconote emesse dalla banca centrale europea e dalle banche centrali nazionali costituiscono le uniche banconote aventi corso legale nell'Unione".

Ne consegue che, fino a quando la Repubblica italiana non deciderà di revocare la propria adesione a tale previsione normativa, l'euro sarà l'unica banconota avente corso legale nel territorio dello Stato.

Ciò non esclude che lo Stato possa adottare differenti monete cartacee a corso legale, giacché l'art. 127 comma 1 individua le uniche banconote aventi corso legale, non le uniche monete cartacee aventi corso legale.

Lo Stato, pertanto, conserva la piena sovranità monetaria in merito alla emissione dei biglietti di Stato (in euro o in un'altra valuta), che non sono banconote, ossia note di banca, bensì note di Stato (a corso legale), anzi sono l'unica moneta di Stato (a differenza delle banconote) unitamente alle monete metalliche.

Quanto a queste ultime bisogna considerare l'art. 128 secondo comma del TFUE, che statuisce: "Gli Stati membri possono coniare monete metalliche in euro con l'approvazione della banca centrale europea per quanto riguarda il volume del conio. Il Consiglio, su proposta della Commissione e previa consultazione del Parlamento europeo e della Banca centrale europea, può adottare misure per armonizzare le denominazioni e le specificazioni tecniche di tutte le monete metalliche destinate alla circolazione, nella misura necessaria per agevolare la loro circolazione nell'Unione".

Tali monete metalliche, come precisa l'art. 11 del Regolamento EC/974/98 relativo all'introduzione dell'euro, sono le uniche aventi corso legale negli Stati membri partecipanti, fatti salvi differenti accordi monetari.

Gli Stati dell'eurozona, pertanto, conservano la prerogativa sovrana di coniare monete metalliche in euro ma tale sovranità monetaria non è piena in quanto è necessaria l'autorizzazione della banca centrale europea in merito al volume del conio.

Tale autorizzazione è necessaria, ai sensi dell'art. 5 del Regolamento 651/2012, anche per le monete metalliche da collezione, ossia per le monete metalliche aventi un valore nominale diverso da quello delle monete aventi corso legale nell'intera eurozona.

Le monete da collezione, infatti, hanno corso legale soltanto nello Stato che le ha coniate.

Alla luce di tali norme tutti gli Stati dell'eurozona hanno coniato monete con valore nominale diverso da quello delle monete aventi corso legale nell'intera eurozona. L'Italia, per esempio, ha coniato monete metalliche da 5, 10, 20 e 50 euro.

Gli Stati, inoltre, analogamente a quanto accadeva prima della firma del trattato di Maastricht, conservano il diritto di adottare monete (cartacee, metalliche, elettroniche) a corso libero.

La differenza tra la moneta a corso legale e quella a corso libero è evidente, poiché, come precisa già l'espressione, mentre la moneta a corso legale non può essere legittimamente rifiutata da un creditore in pagamento di una obbligazione pecuniaria, la moneta a corso libero sì, per cui il debitore sarà liberato dal proprio debito solo se il creditore accetta di essere pagato in quella moneta.

La moneta a corso libero non è stata disciplinata dal trattato di Maastricht, né da qualsiasi normativa nazionale, per un motivo molto semplice, essa rientra nella libertà dell'iniziativa economica privata, che è un diritto costituzionalmente riconosciuto e garantito.

Come ha osservato la Banca Centrale Europea,[27] l'accettazione di una moneta diversa da quella a corso legale

---

[27] European Central Bank, *Virtual Currency Scheme – A Further Analysis*, 2015, p. 24, cit.

rientra in una libera scelta del creditore, il quale è assolutamente libero di concordare con il debitore in quale moneta essere soddisfatto (la BCE parla di "moneta contrattuale").

Ne consegue che lo Stato, in quanto creditore, è pienamente libero di accettare in pagamento dei propri crediti una moneta diversa da quella avente corso legale.

Lo Stato, pertanto, ben potrebbe affiancare all'euro, avente corso legale, un'altra moneta avente corso libero (emessa dallo Stato o da un altro ente), mediante la quale i debitori dello Stato, senza esserne obbligati, possono estinguere le proprie obbligazioni pecuniarie con lo Stato.

L'accettazione statale di tale ulteriore moneta indurrebbe i consociati a fare altrettanto, ossia ad accettare tale moneta a corso libero in pagamento dei propri crediti.

In tal modo si introdurrebbe una doppia circolazione monetaria, una – con l'euro – in relazione ad ogni transazione, anche transfrontaliera, e l'altra – con la nuova moneta – riservata alle transazioni interne.

L'adozione statale di questa seconda moneta può essere effettuata, per esempio, accettandola in pagamento dei tributi ed erogandola per varie provvidenze nonché a titolo di reddito di cittadinanza.

Tra le provvidenze possono essere ricompresi i buoni trasferibili per sconti fiscali più o meno posticipati (c.d. moneta fiscale), a condizione che tali buoni restino trasferibili anche per lo Stato, ossia a condizione che al momento del loro impiego da parte del contribuente per ottenere lo sconto fiscale previsto, lo Stato riduca il debito fiscale del contribuente ma al contempo aumenti il proprio attivo di un importo pari ai buoni incassati.

In tal modo l'impiego del buono sconto fiscale riduce il carico tributario del contribuente senza intaccare le entrate statali, giacché il minor incasso di moneta legale viene compensato dall'incasso di buoni fiscali riutilizzabili.[28]

---

[28] Non si incorre, pertanto, nella contestazione mossa dalla Banca d'Italia, la quale – senza entrare nel merito della fondatezza della medesima – considera la cosiddetta moneta fiscale una passività; Banca d'Italia, *Le funzioni della moneta e le proposte di "moneta fiscale"*, http://www.bancaditalia.it/media/views/2017/moneta-fiscale/index.html

La moneta di nuova emissione potrebbe essere impiegata per riconoscere un certo beneficio economico a particolari categorie di soggetti.

In caso di nuova moneta cartacea o metallica, il beneficio verrebbe conseguito mediante la semplice assegnazione di tale moneta, mentre nel caso di moneta elettronica (che potrebbe anche essere a corso legale, stante l'assenza di limitazioni in tal senso sia nel TFUE che nel Regolamento EC/974/98)[29] il beneficio verrebbe conseguito mediante accredito di tale moneta.

Sotto il profilo macroeconomico non si può sottacere che tale nuova moneta potrebbe determinare un aggravio della bilancia commerciale giacché maggior potere d'acquisto indiscriminato si traduce in maggior volume degli acquisti, indipendentemente da dove le relative merci sono prodotte.

---

[29] L'art. 114bis, comma 2 del Testo Unico Bancario (TUB) prevede espressamente che possono emettere moneta elettronica (a corso legale), nel rispetto delle disposizioni ad essa applicabili, oltre alla banca centrale europea ed alle banche centrali nazionali, anche lo Stato italiano (e gli altri Stati comunitari), le pubbliche amministrazioni statali, regionali e locali, nonché Poste Italiane.

In un Paese con forti importazioni, tale maggior potere d'acquisto, ove non indirizzato alla produzione interna (anche mediante una opportuna politica economica), potrebbe tradursi in un proporzionale aumento delle importazioni, nella misura in cui la quota dei beni importati incide sul totale dei beni acquistati.

Non vi sarebbero particolari problemi, invece, per quanto concerne la riduzione delle entrate statali in euro nella misura in cui lo Stato sarebbe in grado di pagare i propri fornitori interni mediante la nuova moneta.

In pratica, lo Stato avrebbe bisogno di euro per pagare i propri fornitori esteri nonché i propri fornitori interni che non intendessero accettare tale nuova moneta.

E con una diffusa accettazione di tale nuova moneta, indotta dall'accettazione statale, non si vede perché anche i fornitori interni non dovrebbero accettarla.

Lo Stato, pertanto, sarebbe perfettamente in grado di valutare il fabbisogno di euro, impiegando, per tutto il resto, la nuova moneta.

Tale moneta non incrementerebbe il debito pubblico, non trattandosi di passività, infatti lo Stato non avrebbe bisogno di emettere titoli di debito per procurarsi tale nuova moneta, essendo essa derivante dal pieno esercizio della sovranità monetaria, ossia dal pieno esercizio della prerogativa sovrana di emettere moneta di Stato (a corso legale o a corso libero).

Per converso, con la diminuzione del fabbisogno monetario in euro, lo Stato, fermo restando il saldo in euro dei titoli di debito a scadenza (e quindi senza alcuna necessità di ridenominazione del debito pubblico, così come non verrebbero ridenominati neanche i debiti privati), avrebbe bisogno di collocare sempre meno titoli di debito, quindi diminuirebbe progressivamente il proprio debito pubblico.

Analogamente, l'aumento progressivo dell'impiego di tale moneta consentirebbe di aumentare la domanda pubblica (per spese correnti nonché per investimenti) senza incrementare il deficit pubblico.

Poiché lo Stato non ha bisogno di tassare i cittadini per procurarsi tale moneta, sarebbe in grado di ridurre la pressione fiscale, così aumentando anche la domanda privata.

Quindi ad una diminuzione del debito pubblico si accompagna un aumento della domanda aggregata, con un più agevole rispetto dei parametri europei, a cominciare dal rapporto debito/PIL.

Lo Stato, inoltre, avrebbe più facilità nel raggiungimento del pareggio di bilancio poiché tutta la moneta di nuova emissione, prima di essere spesa, sarebbe appostata all'attivo del bilancio statale, non comportando alcun costo per lo Stato, se non quello di stampa per le monete cartacee e di conio per quelle metalliche, mentre la moneta elettronica non avrebbe praticamente alcun costo.

L'esercizio del potere della creazione monetaria verrebbe sottoposto al giudizio dell'elettorato. Vi sarebbe, pertanto, un vaglio democratico in merito alla gestione del potere della creazione del denaro nonché della sua allocazione, giacché essa ha evidenti ricadute sul piano sociale.

Tale potere è attualmente riservato, ad eccezione delle monete metalliche, alla banca centrale per quanto concerne le banconote, ed alla stessa unitamente alle banche commerciali per quanto concerne la moneta elettronica.

Si parla, al riguardo, di base monetaria – a corso legale – per la banca centrale (costituita da banconote più la moneta elettronica), di moneta scritturale o bancaria – a corso libero – per le banche commerciali (costituita dalla sola moneta elettronica) il cui volume supera abbondantemente quello del circolante (banconote e monete metalliche).

Non vi sarebbero problemi di ordine inflazionistico, giacché, come ormai pacificamente riconosciuto, tali problemi insorgono quando vi è il pieno impiego dei fattori produttivi, ma la situazione attuale sembra essere alquanto lontana da tale fattispecie.

In ogni caso, tali problemi, analogamente agli opposti problemi di ordine deflazionistico, non sarebbero più esclusi dal sindacato del corpo elettorale, ossia dal vaglio della volontà popolare.

Forse non è inopportuno ricordare che il pieno ed appropriato esercizio della sovranità monetaria, unitamente ad un'accorta strategia sulla bilancia dei pagamenti, ha portato uno Stato che era in una situazione economico-finanziaria ben peggiore di quella in cui si trovano oggi vari Stati occidentali –

ossia la Germania nel 1933 – a far svanire la disoccupazione in 5 anni (6 milioni di disoccupati nel 1933, 400.000 nel 1938)[30].

---

[30] C.W. Guillebaud, *The Economic Ricovery of Germany 1933- 1939*, Londra, 1939.

8) Reddito di cittadinanza e moneta locale

Il reddito di cittadinanza propriamente detto non nasce essenzialmente per finalità sociali ma prevalentemente per finalità monetarie.

Esso, infatti, si fonda sulla constatazione, riconosciuta dalla Banca d'Italia, per la quale chi crea il valore della moneta non è chi la emette ma chi l'accetta.[31] Ne consegue che è tecnicamente corretto attribuire alla collettività tale valore.

La definizione di reddito di cittadinanza evidenzia proprio questo, ossia che si diventa titolari di valori monetari per il semplice fatto di essere cittadini.

---

[31] "La moneta può essere scambiata istantaneamente con beni e servizi: l'acquirente consegna moneta al venditore e in questo modo si libera da ogni obbligo nei confronti di quest'ultimo che, accettandola, ne riconosce il valore", Banca d'Italia, *Le funzioni della moneta e le proposte di "moneta fiscale"*, cit., nonché Banca d'Italia, *La moneta e gli strumenti alternativi al contante, Quaderni didattici, Scuola secondaria di secondo grado*, cit.

Questo perché non è necessario alcun sinallagma per l'insorgenza del valore monetario, ossia non serve alcuna controprestazione poiché non si tratta di un valore creditizio bensì di una valore convenzionale, per cui è sufficiente l'accordo dei consociati nell'accettazione di quella data moneta come mezzo di scambio, poiché, come ci ricorda Aristotele,[32] la moneta nasce per convenzione e non ha bisogno di altro.

In tal modo, pertanto, il reddito di cittadinanza non sarebbe finanziato dalla fiscalità generale bensì dall'emissione sovrana di nuova moneta di Stato.

In sostanza, tramite il reddito di cittadinanza verrebbero riconosciuti ai cittadini i profitti derivanti dall'attività di creazione del denaro.

In merito alle critiche, spesso sollevate, per le quali il reddito di cittadinanza potrebbe rivelarsi un disincentivo al lavoro, è stato rilevato, attraverso un modello econometrico calibrato su 34 nazioni OCSE nel periodo che va dal 1990 al 2013, che tale reddito non è una variabile che agisce a ridurre il

---

[32] Aristotele, *Etica nicomachea*, libro V, *La giustizia come reciprocità. La moneta*.

tasso di occupazione, anzi esso, insieme ad altre variabili, aiuta ad incrementare i livelli di occupazione.[33]

Del resto le evidenze sperimentali sull'introduzione di un reddito di cittadinanza non sono più scarse e sono state adeguatamente analizzate in letteratura.

Per esempio, in base ad uno studio comparato di sette programmi governativi concernenti l'erogazione di un reddito di cittadinanza è emerso che tali programmi non scoraggiano il lavoro.[34]

Inoltre sono stati registrati numerosi benefici sul piano sociale, quali il miglioramento della condizione dei bambini (come la riduzione del lavoro minorile e dell'abbandono scolastico), delle condizioni di salute, dei risparmi, mentre non sono stati registrati significativi aumenti nel consumo di c.d. *temptetion goods* (quali alcolici e tabacco).[35]

---

[33]Tridico, P. (2015), *Economia e Politica*, anno 7, n. 10 sem. 2: http://www.economiaepolitica.it/politiche-economiche/europa-e-mondo/pil-potenziale-e-tasso-di-partecipazione-una-proposta-per-finanziare-il-reddito-minimo/.

[34] Banerjee, A; Hanna, R; Kreindler. G; Olken, B. (2017), *World Bank Research Observer*, Volume 32, No. 2, http://economics.mit.edu/files/10861.

[35] Per una rassegna di tali studi: https://givedirectly.org/research-on-cash-

Diversi Stati si stanno muovendo in tale direzione, per esempio la Francia, l'Olanda, la Svizzera ed il Canada, mentre l'Iran, già dal 2011 ha sperimentato, a livello nazionale, tale soluzione.

La Finlandia ha introdotto, in via sperimentale per due anni a partire dal 2017, un reddito incondizionato pari a 560 euro a 2.000 disoccupati di età compresa tra i 25 ed i 58 anni scelti in modo casuale.

I Finlandesi selezionati stanno ricevendo automaticamente tale somma mensile, senza alcuna complicazione burocratica e senza necessità di dimostrare nulla, né il modo in cui impiegano tale somma né se hanno altre fonti di reddito, a differenza di quanto accade per i comuni sussidi di disoccupazione, che vengono meno in caso di nuovo impiego.

L'intento delle autorità finlandesi è indurre i lavoratori a non accettare condizioni di lavoro sfavorevoli o stipendi troppo bassi.

Infatti la principale finalità sociale del reddito di cittadinanza è quella di ridurre l'asimmetria nel potere

transfers.

contrattuale tra datore di lavoro e lavoratore, poiché mentre il primo sta cercando un fattore produttivo, il secondo sta cercando una fonte di reddito che gli consenta di sopravvivere.

Ne consegue che le scelte in merito sono più cruciali per il lavoratore, in quanto questi, in caso di perdita del lavoro, si trova a perdere il proprio sostentamento, mentre il datore di lavoro si trova soltanto nella condizione di dover rimpiazzare una risorsa produttiva.

In pratica, per il datore di lavoro si tratta di una mera questione economica, per il lavoratore di tratta di una questione di sopravvivenza, per la comunità si tratta di una questione sociale.

Questo è il motivo per cui il fattore produttivo consistente nella prestazione di lavoro non può essere assimilato agli altri fattori produttivi, poiché, se questo può essere vero dal punto di vista del datore di lavoro, non lo è né da quello del lavoratore né da quello della società.

Questa consapevolezza ha portato alcuni Stati di più antica tradizione civile, come l'Italia, a costituire una Magistratura apposita, la Magistratura del lavoro per l'appunto, per dare una tutela più efficace alle situazioni giuridiche soggettive derivanti dai rapporti di lavoro.

In una situazione di sovrabbondanza di "forza lavoro", ossia di offerta di prestazioni lavorative, i lavoratori possono essere indotti ad accettare condizioni lavorative e stipendi che altrimenti non avrebbero accettato.

Tale situazione può essere indotta anche dal significativo afflusso di lavoratori non autoctoni, nonché dalle restrizioni della domanda privata di lavoro dovute ad un mercato asfittico, e della domanda pubblica per le difficoltà ad investire conseguenti alla scarsità di mezzi monetari derivanti dai vincoli di bilancio, quali l'obbligo del pareggio di bilancio o le soglie al deficit ed al debito pubblico.

In quest'ottica, il reddito di cittadinanza agisce su due piani, da un lato introduce nuovo potere d'acquisto, così aumentando la domanda di beni e servizi e comportando benefici a livello macroeconomico, dall'altro aumenta la forza contrattuale del lavoratore (attuale o potenziale) e così producendo benefici a livello microeconomico nonché a livello sociale.

Numerosi studi[36] hanno dimostrato che l'introduzione del reddito di cittadinanza ha indotto una quota significativa di beneficiari ad iniziare un'attività lavorativa autonoma, così dando spazio alle proprie attitudini, alla propria creatività ed alle proprie passioni.

Alcuni, per far questo, hanno abbandonato il proprio posto di lavoro, ritenuto, evidentemente, meno gratificante di un'avventura imprenditoriale, altri sono passati direttamente dalla disoccupazione al lavoro autonomo.

La disponibilità economica derivante dal reddito di cittadinanza ha dato nuova linfa all'artigianato, ossia alla produzione di beni non standardizzata (non industrializzata).

L'artigianato locale, a differenza dell'industria, è in grado di conservare le tradizioni e di connotare i singoli territori con le abilità tramandate nei secoli, ossia è in grado di valorizzare delle specificità territoriali difficilmente replicabili altrove, che altrimenti sarebbero travolte dall'uso massivo di beni di basso costo e spesso di scarsa fattura.

---

[36] Per una rassegna di tali studi si veda la nota 25.

Come osserva Galloni A. (2015),[37] la produzione locale di beni è in grado di rispondere alla domanda di lavoro, così contrastando l'emigrazione delle giovani (e meno giovani) generazioni verso territori più industrializzati.

In pratica il sostegno all'artigianato, derivante dall'introduzione del reddito di cittadinanza, è in grado riarticolare il tessuto economico di una comunità locale nella misura in cui la domanda di beni viene indirizzata, per quanto possibile, verso la produzione locale di tali beni, mentre verrebbero procurati dall'esterno i beni o i servizi che non è stato possibile produrre in loco.

La vendita, all'esterno del territorio, dei beni per i quali la comunità locale vanta un "vantaggio competitivo", sarebbe in grado di procurare la liquidità necessaria per ottenere i beni che non si riesce a produrre in loco.

Come osservano Amato M. e Fantacci L. (2012),[38] nell'ambito locale, invece, la comunità potrebbe incentivare

---

[37] Galloni A. (2015), *L'economia imperfetta – Catastrofe del capitalismo o rivincita del lavoro?*, Novecento editore, p. 161 e ss.
[38] Amato A., Fantacci L., (2012), *Come salvare il mercato dal capitalismo*, Donzelli editore, p. 157 e ss.

l'acquisto di beni locali mediante l'impiego di una propria moneta locale (complementare alla moneta a corso legale), mentre la moneta a corso legale verrebbe impiegata prevalentemente per gli acquisti di beni prodotti all'esterno, e verrebbe procurata vendendo all'esterno, in moneta a corso legale, i beni prodotti in loco.

Tali benefici verrebbero massimizzati laddove il reddito di cittadinanza riconosciuto a livello locale fosse erogato in moneta locale, giacché, a differenza della moneta a corso legale, l'impiego di tale moneta non genererebbe costi per l'ente locale che decidesse di adottarla.

Ogni territorio potrebbe risollevare le proprie produzioni tipiche e le proprie specifiche competenze mediante una propria moneta locale in grado di aumentare la circolazione interna di beni e di servizi.

L'erogazione di tale moneta mediante il riconoscimento di un reddito locale in tale moneta agevolerebbe la circolazione locale della medesima, e quindi incrementerebbe la produzione e la circolazione dei beni e dei servizi prodotti in loco.

Pittau M. (2003)[39] evidenzia che negli Stati Uniti, nel 1933, si contavano 127 città che adottavano monete complementari, coinvolgendo oltre un milione di persone ed oltre 150 organizzazioni.

Oggi le monete complementari nel mondo sono oltre 5.000 e ciascuna comunità locale che intende aumentare la circolazione interna di beni e servizi adotta una moneta locale con le caratteristiche che meglio rispondono alle rispettive esigenze.

Stodder J. (2000)[40] osserva che ricerche condotte sui circuiti cooperativi e di baratto commerciale (*corporate barter*) negli Stati Uniti ed in Svizzera hanno dimostrato che questi sistemi hanno un significativo effetto anti-ciclico, risultando particolarmente efficaci nei periodi di recessione.

Al riguardo la Banca Centrale Europea ha rilevato: "I sistemi di moneta complementare consentono ad una comunità locale o regionale di mobilitare le proprie risorse sottoutilizzate per

---

[39] Pittau M. (2003), *Economie senza denaro – I sistemi di scambio non monetario nell'economia di mercato*, Emi editore.
[40] Stodder J. (2000), *Reciprocal Exchange Networks: Implications for Macroeconomics Stability*.

soddisfare bisogni che altrimenti rimarrebbero insoddisfatti. La liquidità aggiuntiva che essi forniscono è un modo per incrementare i servizi, sia commerciali che pubblici, richiesti dalla comunità, senza ricorrere a mutui o ad incrementi di tassazione. Le monete locali consentono l'adozione di soluzioni lavorative più eque ed efficienti, poiché i cittadini a basso reddito possono effettuare i pagamenti di servizi mediante moneta locale che possono procurarsi lavorando a progetti di pubblica utilità, piuttosto che nella moneta nazionale che manca loro. Le monete complementari sono legali, nonostante vi siano delle normative da considerare, a livello nazionale o sovranazionale. Le monete complementari possono incoraggiare il dibattito democratico negli enti locali circa il livello dei servizi pubblici desiderato, in ambiti che includono: l'educazione, la salute, i servizi sociali, la sicurezza pubblica, la protezione ambientale, ecc. Le monete complementari consentirebbero di evitare i rischi connessi ad un pesante indebitamento, sia comunale sia regionale sia statale".[41]

---

[41] European Central Bank. Multilateral, asia/pacific and western hemisphere division. Directorate general international and european relations, *Economic cooperation and complementary currency project* (*Abstract*),

http://web.archive.org/web/20051216015652/http://www.utopie.it/projec
ts/economic_co-operation_and_complementary_currency.htm.

9) Rarefazione monetaria e democrazia

Per quanto sin qui osservato, e per quanto già rilavato circa 2.300 anni fa da Aristotele, la moneta, non derivando da un accadimento naturale ma da un comportamento umano - una convenzione sociale - non può mai essere scarsa.

Sì è avuta plateale conferma di questa constatazione dalla condotta delle principali banche centrali del mondo almeno a partire dal 2008, ossia da quando si è sostenuta la necessità di imponenti immissioni monetarie - in USA: TARP *et similia*, in UE: *Quantitative Easing*, ecc. - per la necessità di rianimare la circolazione monetaria interbancaria.

Negli USA il programma TARP (*Troubled Assets Relief Program*) ha comportato dal 2008 al 2014 un'autorizzazione di mezzi monetari pari a 426.4 migliaia di miliardi di dollari,[42] mentre il bilancio della *Federal Reserve* è passato da 870

---

[42] Ryan Tracy, Julie Steinberg, Telis Demos, *Banks Bailouts Approach a Final Rekoning*, The Wall Street Journal, 28/12/2014.

miliardi di dollari nel 2008 a 4.430 miliardi di dollari nel 2015 (settembre).

La BCE, a partire da gennaio 2015, ha esteso il proprio piano di autorizzazione di mezzi monetari prevedendo una emissione mensile pari a 60 miliardi di euro, poi portati ad 80 da marzo 2016. In pratica, non vi è stato reperimento di risorse per un ammontare pari a quello indicato né vi è stata stampa di moneta di pari importo.

Semplicemente, i Governatori delle rispettive banche centrali si sono limitati a dare disposizione ai propri funzionari affinché accreditassero sui conti dei beneficiari tali monumentali importi, a fronte della cessione di "*assets*" più o meno "*troubled*" (dai "titoli spazzatura" accettati dalla Fed ai *bonds* accettati dalla BCE). Mere scritture contabili.

Sia detto per inciso, la Germania dal 2008 ha concesso aiuti di Stato alle proprie banche per 620 miliardi di euro, pari al 24% del Pil tedesco.

Ma cosa era successo?

In sostanza, a seguito di una diffusa perdita di fiducia reciproca tra le stesse istituzione finanziarie, il mercato dei prestiti interbancari si stava prosciugando.

Ciascuna banca aveva contezza del significativo ammontare dei crediti deteriorati - se non dei prodotti finanziari "spazzatura", poiché divenuti inopinatamente illiquidi - nei propri bilanci e sospettava che le altre banche ne detenessero in quantità assimilabili.

Ciò ha determinato la stasi del mercato interbancario con la conseguente necessità di intervento da parte delle banche centrali, in qualità di prestatori di ultima istanza.

Le banche centrali, però, non hanno preteso nulla (in Europa sino al 2014) dalle banche commerciali da loro finanziate, in cambio di tali monumentali immissioni monetarie.

La conseguenza è stata che le banche commerciali hanno ripreso bellamente a fare ciò che facevano prima, ossia essenzialmente attività speculativa (spesso accumulando rovinosamente perdite), dimenticandosi di fare prevalentemente attività creditizia, ossia prestare denaro a cittadini ed imprese.

Questo semplicemente perché non è stato posto loro alcun vincolo, in quanto sono state finanziate in modo incondizionato, senza pretendere che impiegassero una parte più o meno significativa di tali finanziamenti per il credito bancario.

In assenza di vincoli di qualsivoglia natura, le banche commerciali, mosse unicamente e legittimamente da finalità di lucro, in quanto società di capitali, si sono sentite libere di fare ciò che non potevano fare prima di diventare "banche universali", in quanto l'attività speculativa era riservata alle cosiddette banche d'investimento.

Ne è conseguito l'assoggettamento a rischio della intera collettività in quanto una funzione di primaria importanza sociale quale l'attività creditizia, una volta fusa con un'attività di non pari rilevanza sociale, quale quella speculativa, ha comportato la necessità di una garanzia in qualche modo pubblica anche in conseguenza di perdite non derivanti dall'attività socialmente rilevante di credito bancario.

La collettività si è così vista addossare il rischio di salvataggi bancari anche in conseguenza dell'esercizio di un'attività non particolarmente meritevole di essere tutelata, come la speculazione finanziaria.

Poiché, però, non vi era più la possibilità di distinguere tra soggetti che esercitavano solo l'attività bancaria di base e quelli che esercitavano solo l'attività speculativa, a fronte dell'insorgenza di una insanabile insostenibilità finanziaria o si operava un salvataggio o si consentiva il *default*, che, per quanto detto, avrebbe coinvolto la clientela *retail*, ossia soggetti che non avevano alcuna voglia di speculare.

Questa è una conseguenza inevitabile della soppressione della separazione delle banche in base all'attività esercitata – ordinaria/speculativa, operata negli Usa, nel 1999, con l'abolizione della legge bancaria del '33 ossia la legge Glass-Steagall, nata per evitare il ripetersi della crisi di Wall Street del '29.

In Italia la soppressione di tale distinzione è avvenuta già nel 1993, con l'entrata in vigore del Testo Unico Bancario – TUB – elaborato da Mario Draghi, che ha abrogato la legge bancaria del '36, la quale, individuando la tutela del risparmio come un interesse pubblico, prevedeva la netta separazione tra banche d'investimento e banche commerciali, e queste ultime, disciplinate dal diritto pubblico, non potevano né effettuare attività speculativa, né far credito al settore industriale, né detenere partecipazioni aziendali.

In pratica, poiché le banche, divenute universali, svolgono sia attività creditizia tradizionale sia attività speculativa, in caso di insorgenza di problemi finanziari non si poteva non salvarle, a pena di arrecare danni economici anche e soprattutto ai piccoli risparmiatori, in espressa violazione del primo comma dell'art. 47 della Costituzione, che così recita: *"La Repubblica incoraggia e tutela il risparmio in tutte le sue forme; disciplina, coordina e controlla l'esercizio del credito"*.

Al di là, quindi, della disciplina, del coordinamento e del controllo del credito, è un preciso dovere costituzionale degli organi della Repubblica quello di tutelare il risparmio, in tutte le sue forme (altro che *bail in*).

La monumentale immissione monetaria summenzionata, oltre a dimostrare in modo definitivo che il denaro non può mancare per definizione, pone un problema di cosa poter finanziare con tale denaro, ossia, come già osservato, pone una ineludibile questione politica.

Invero, venuta definitivamente meno la fattispecie della rarità monetaria proprio perché il denaro può essere creato *ad libitum* (ossia a volontà, al netto delle considerazione di ordine inflazionistico), si pone il problema di come gestire tale creazione monetaria, e più nello specifico, di chi e come ne deve individuare i beneficiari, giacché tale selezione ha evidenti ricadute sul piano sociale.

10) Bibliografia

Amato A., Fantacci L., *Come salvare il mercato dal capitalismo*, Donzelli editore, 2012;

Banca d'Italia, *Le funzioni della moneta e le proposte di "moneta fiscale"*, 2017, http://www.bancaditalia.it/media/views/2017/moneta-fiscale/index.html;

Banerjee, A; Hanna, R; Kreindler. G; Olken, B., *World Bank Research Observer*, Volume 32, No. 2, 2017 http://economics.mit.edu/files/10861;

Bank of England, *Quarterly Bulletin 2014 Q1*, pp. 14 e ss., https://www.bankofengland.co.uk/-/media/boe/files/quarterly-bulletin/2014/money-creation-in-the-modern-economy.pdf?la=en&hash=9A8788FD44A62D8BB92712354420 5CE476E01654

Bossone B., Costa M., *Economia e Politica*, anno 10 n. 15, sem. 2, 2018;

European Central Bank, *Virtual Currency Schemes*, 2012,
https://www.ecb.europa.eu/pub/pdf/other/virtualcurrencysch
emes201210en.pdf;

European Central Bank, *Virtual Currency Schemes - A Further Analysys*, 2015,
https://www.ecb.europa.eu/pub/pdf/other/virtualcurrencysch
emesen.pdf;

European Central Bank. Multilateral, asia/pacific and western hemisphere division. Directorate general international and european relations, *Economic cooperation and complementary currency project*,
http://web.archive.org/web/20051216015652/http://www.uto
pie.it/projects/economic_co-
operation_and_complementary_currency.htm;

European Central Bank, *Cos'è la moneta?*
https://www.ecb.europa.eu/explainers/tell-me-
more/html/what_is_money.it.html;

Galloni A., *L'economia imperfetta – Catastrofe del capitalismo o rivincita del lavoro?*, Novecento editore, 2015;

Guillebaud C.W., *The Economic Ricovery of Germany 1933-1939*, Londra, 1939;

Ingham G., *La natura della moneta*, Fazi editore, 2016;

Pittau M., *Economie senza denaro – I sistemi di scambio non monetario nell'economia di mercato*, Emi editore, 2003;

Stodder J., *Reciprocal Exchange Networks: Implications for Macroeconomics Stability*, 2000;

Storelli D., *Alchemy – Moneta, Valore, Rapporto tra le Parti*, Sovera editore, 2015;

Tridico, P., *Economia e Politica*, anno 7, n. 10 sem. 2, 2015.

www.ingramcontent.com/pod-product-compliance
Lightning Source LLC
Chambersburg PA
CBHW022113170526
45157CB00004B/1621